Vente

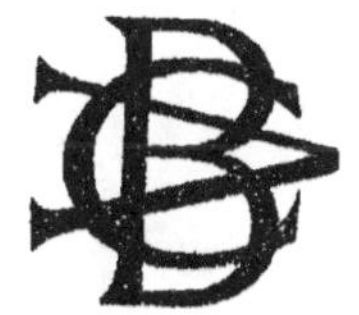

PARIS

IMPRIMERIE CHAIX

Succursale Jules Chéret

18, RUE BRUNEL, 18

— Nº 237 —

CATALOGUE
de
Terres Cuites

Groupes - Statuettes - Bustes

12 TABLEAUX
ET 30 DESSINS

Œuvres de

A. CARRIER-BELLEUSE

dont la Vente aura lieu

HOTEL DROUOT, SALLE No 8

Le Samedi 12 Mai 1883

A 2 HEURES

Me E. BERTHELIN	M . F . JACOB
Commre-Priseur	*Expert*
Rue Le Peletier, 29	Boulev. Montmartre, 18

Chez lesquels on trouve le présent Catalogue

Expositions

PARTICULIÈRE	PUBLIQUE
Jeudi 10 mai	Vendredi 11 mai

De 1 h. 1/2 à 5 h. 1/2

Conditions

DE LA VENTE

Elle sera faite au comptant.

Les adjudicataires payeront *cinq pour cent* en sus des enchères.

Imp. CHAIX (Succursale CHÉRET) 18, rue Brunel, PARIS

E n'ai pas à présenter au public un artiste dont la notoriété est universelle. Dans les huit premières expositions auxquelles il a pris part, M. Carrier-Belleuse a épuisé la série des récompenses que le jury peut décerner à un sculpteur, y compris la médaille d'honneur et le ruban rouge. L'auteur d'*Hébé* et du *Messie*, le décorateur du Louvre, de l'Opéra et de la Banque de France, a fait plus encore pour sa célébrité et pour notre plaisir en créant tout un monde en marbre et en terre cuite, groupes, figurines et bustes, dans la société intime desquels on aime à vivre, car ils résument, en des mythes charmants, la jeunesse, le printemps, la beauté, le sourire de la femme et sa coquette bouderie, l'innocence de la Vierge au Lys et la volupté de la Bacchante aux roses, en un mot, tout ce qui est doux, beau et tentant dans la fiction et dans la nature.

Si, donc, ce catalogue ne comprenait que des œuvres sculptées, il serait superflu de le faire précéder d'une introduction. Le nom de Carrier-Belleuse, inscrit sur la première page, serait une explication suffisante et un irrésistible attrait pour tous.

Mais cette brochure comporte deux autres chapitres : celui des dessins et celui de la peinture, sur lesquels il convient d'appeler particulièrement l'attention des amateurs, parce que M. Carrier-Belleuse a jusqu'ici laissé voir fort peu de ses dessins et qu'il n'a pas encore montré de tableaux portant sa signature.

Ceux qui liront ces lignes étant appelés à visiter l'exposition particulière qui leur est ouverte, je ne crains pas d'affirmer devant eux que M. Carrier-Belleuse est un maître dans l'art du dessin, un maître qui a malheureusement trop peu de rivaux parmi les peintres et les sculpteurs contemporains. Il a acquis ce talent par une pratique constante. Que M. Carrier-Belleuse projette d'exécuter une figurine en terre cuite, un groupe en marbre, un ensemble décoratif ou monumental, ou simplement un de ces beaux modèles dont il a doté l'art industriel, avant de prendre la glaise, il commence toujours par dessiner

soigneusement le sujet qu'il se propose de
traiter. Ses dessins, esquissés avec une éton-
nante sûreté sur des papiers teintés, s'agré-
mentent le plus souvent de touches au
crayon rouge, ou s'avivent des belles lumières
du crayon blanc. La manière dont le sculpteur exécute ces croquis et les pousse jusqu'à
l'exécution complète ne peut se comparer
qu'à la manière de Prud'hon. C'est le même
charme dans le contour, la même élégance
dans le modèle, le même éclat dans la facture.
La collection de ces dessins constitue un
précieux trésor d'art; il eut été regrettable
qu'il demeurât enfoui dans les cartons de
leur auteur.

Si l'on rapproche les touches de crayon
rouge et blanc dont il vient d'être question
à propos de ces dessins, des tentatives de
décor polychrome que M. Carrier-Belleuse a
faites précédemment sur des figurines en
terre cuite, si l'on se rappelle que sa grande
et belle statue, en marbre, d'*Angélique* com-
portait des accessoires en bronze doré, on
comprendra que le sculpteur est depuis long-
temps préoccupé et attiré par la couleur. Il
en a toujours eu le sentiment et le goût. Un
jour ou l'autre, il devait prendre la palette.
L'auteur d'*Hébé* n'est, du reste, pas le premier

sculpteur qui ait abordé la peinture avec
succès. Sans parler de Michel-Ange, ni des
grands exemples du passé, on peut citer,
parmi les contemporains, MM. Paul Dubois
et Falguière, qui se sont révélés maîtres dans
l'art de peindre, le jour où il leur a plû de
prendre un pinceau au lieu d'un ébauchoir.
J'ai vu aussi, de Carpeaux, quelques belles
esquisses peintes que l'on ne connaît pas
assez, mais qui attestent également que l'art
est un, qu'une simple différence de procédé
sépare la sculpture de la peinture et qu'il est
très facile à un grand sculpteur d'être un
excellent peintre.

Donc, M. Carrier-Belleuse a fait, avec
amour, quelques tableaux de chevalet. Ils
sont au nombre de douze et se trouvent tous
inscrits sur ce catalogue. Il n'en existe nulle
part ailleurs, ni chez des amis du sculpteur,
ni même dans son atelier. Mais la rareté n'est
qu'une faible qualité; les toiles de M. Carrier-
Belleuse en possèdent de plus intéressantes.
On remarquera la franchise de la facture, la
souplesse du modelé, le rapport des valeurs,
la construction irréprochable des figures, le
jeu à la fois naturel et savant des draperies.
Des sujets, je ne dirai rien; on sait du reste
que M. Carrier-Belleuse ne manque ni

d'imagination, ni d'ingéniosité. Il me semble
plus utile d'appeler l'attention sur la grande
variété d'effets que présentent les tableaux
dont il est question. La *Psyché*, par exemple,
qui est cherchée dans les tons fins, se détache
sur un fond délicat, avec lequel elle forme
une harmonie complète. L'œuvre offre ainsi
une remarquable unité. Au contraire, la
figure d'*Héro* attendant Léandre sur le bord
de la mer a été vigoureusement attaquée en
pleine pâte ainsi que le ciel puissant, d'un
bleu intense, sur lequel se profile la silhouette
de l'amante inquiète. La *Psyché* nous charme
par la grâce délicate de ses lignes, par ses
lumières adoucies et reposées. *Héro* nous plaît
par son accent, par ses touches hardies et
grasses, par le sentiment dramatique qui se
dégage puissamment de la toile. Les dix
autres tableaux sont compris entre ces deux
types extrêmes, dont ils se rapprochent plus
ou moins. Après les avoir vus, on est obligé
de reconnaître chez M. Carrier-Belleuse,
peintre, en même temps que la certitude d'un
dessin qui soutient toujours la ligne, un
tempérament très ardent de coloriste.

SAINT-JUIRS

TERRES CUITES

GROUPES

<table>
<tr><td>1.</td><td>Vase Faune et Bacchantes
Porte-Fleurs</td><td>haut. 1 mètre</td></tr>
<tr><td>2.</td><td>La Danse</td><td>haut. 0ᵐ,90</td></tr>
<tr><td>3.</td><td>La Charité</td><td>haut. 0ᵐ,75</td></tr>
<tr><td>4.</td><td>Le Retour des Champs</td><td>haut. 0ᵐ,80</td></tr>
<tr><td>5.</td><td>Les Deux Amours</td><td>haut. 0ᵐ,75</td></tr>
<tr><td>6.</td><td>La Confidence</td><td>haut. 0ᵐ,75</td></tr>
<tr><td>7.</td><td>L'Enlèvement</td><td>haut. 0ᵐ,60</td></tr>
<tr><td>8.</td><td>Baiser d'Amour</td><td>haut. 0ᵐ,55</td></tr>
<tr><td>9.</td><td>L'Amour Désarmé</td><td>haut. 0ᵐ,70</td></tr>
<tr><td>10.</td><td>La Tempérance</td><td>haut. 0ᵐ,70</td></tr>
<tr><td>11.</td><td>La Jeune Mère</td><td>haut. 0ᵐ,60</td></tr>
<tr><td>12.</td><td>Éducation du Faune</td><td>haut. 0ᵐ,40</td></tr>
</table>

13.   TRITON & BACCHANTE   *haut.* 0^m,60

14.   OFFRANDE A BACCHUS   *haut.* 0^m,55

STATUETTES

15.   LA CIGALE   *haut.* 0^m,80

16.   LA MÊME, DÉCORÉE   *haut.* 0^m,80

17.   LA FOURMI   *haut.* 0^m,80

18.   LA MÊME, DÉCORÉE   *haut.* 0^m,80

19.   LÉDA (statuette couchée)   *haut.* 0^m,45

20.   DIANE   *haut.* 0^m,75

21.   LA FEMME AU CHAT   *haut.* 0^m,80

22.   LA BACCHANTE AU TERME
   haut. 0^m,75

23.   PSYCHÉ   *haut.* 0^m,65

24.   ANGÉLIQUE   *haut.* 0^m,75

25.   BONNE SAISON   *haut.* 0^m,65

26.   FILOMÉTA   *haut.* 0^m,75

27. HYGIA — haut. 0^m,70
28. L'AUTOMNE — haut. 0^m,80
29. LE PRINTEMPS — haut. 0^m,80
30. LA LISEUSE — haut. 0^m,80
31. LA SOURCE — haut. 0^m,80
32. L'ENFANT SOURCE — haut. 0^m,45
33. LA FILEUSE — haut. 0^m,75
34. LA MÊME, DÉCORÉE — haut. 0^m,75
35. LA TOILETTE — haut. 0^m,70
36. LA NUIT — haut. 0^m,70
37. MOLIÈRE, DÉCORÉE — haut. 0^m,75
38. L'AMAZONE — haut. 0^m,75
39. PHRYNÉ — haut. 0^m,48
40. CLÉOPATRE — haut. 0^m,48
41. EURYDICE — haut. 0^m,48
42. EGÉRIE — haut. 0^m,48

BUSTES

43.	Printemps	haut. 0^m,60
44.	Été	haut. 0^m,60
45.	Automne	haut. 0^m,60
46.	Hiver	haut. 0^m,60
47.	Eveillée	haut. 0^m,75
48.	Soucieuse	haut. 0^m,75
49.	Femme au Chapeau	haut. 0^m,80
50.	Colombe	haut. 0^m,65
51.	Papillon	haut. 0^m,65
52.	Arabella	haut. 0^m,75
53.	Le Réveil	haut. 0^m,65
54.	Le Sommeil	haut. 0^m,65
55.	Boudeur	haut. 0^m,45
56.	Rieuse	haut. 0^m,45
57.	Souvenirs	haut. 0^m,45

58.	REGRETS	*haut* 0^m,45
59.	ALSACE	*haut.* 0^m,80
60.	MICHEL-ANGE	*haut.* 0^m,65
61.	RAPHAEL	*haut.* 0^m,65
62.	RUBENS	*haut.* 0^m,65
63.	REMBRANDT	*haut.* 0^m,65
64.	ALBERT DURER	*haut.* 0^m,65
65.	BEETHOVEN	*haut.* 0^m,45
66.	MOZART	*haut.* 0^m,45

BRONZE

67. CAMILLE DESMOULINS
(statuette bronze) *haut.* 0^m,90

TABLEAUX

68. Héro,   *haut. 0ᵐ,58, larg. 0ᵐ,50*

69. Erigone,   *haut. 0ᵐ,58, larg. 0ᵐ,50*

70. Psyché,   *haut. 0ᵐ,58, larg. 0ᵐ,50*

71. Suzanne Surprise
                                haut. 0ᵐ,58, larg. 0ᵐ,50

72. Le Rêve   *haut. 0ᵐ,63, larg. 0ᵐ,70*

73. Le Printemps *haut. 0ᵐ,63, larg. 0ᵐ,70*

74. Diane Surprise par Actéon
                                haut. 0ᵐ,58, larg. 0ᵐ,50

75 Quand la Bise fut Venue.
                                haut. 1ᵐ,10, larg. 0ᵐ,70

76. La Frayeur   *haut 0ᵐ,50, larg. 0ᵐ,58*

77. Souvenirs d'Orient
                                haut. 0ᵐ,58, larg. 0ᵐ,50

78. Baigneuse   *haut. 0ᵐ,58, larg. 0ᵐ,50*

79. Bacchanale (panneau décoratif)
                                haut. 0ᵐ,58, larg. 0ᵐ,50

DESSINS

95. DIANE.

96. L'ÉDUCATION.

97. FEMME AU TAMBOURIN.

98. REGRETS.

99. { L'AGRICULTURE. / LA NAVIGATION. } (*Allégories.*)

100. LES TROIS GRACES.

101. ÉTUDE NU ET DRAPERIE. (*No 1.*)

102. ÉTUDE NU ET DRAPERIE. (*No 2.*)

103. LA PRIÈRE.

104. LA RÊVERIE.

105. LE PRINTEMPS.

106. L'ÉTÉ.

107. L'AUTOMNE.

108. L'HIVER.

236. — IMP. CHAIX (succursale CHÉRET), 18, rue Brunel, PARIS